I0220853

Vorwort

Liebe Leserinnen und Leser,
vielen Dank, dass Sie sich für ein Buch der trainingsunterstützenden Reihe von handball-uebungen.de entschieden haben.

Nicht immer hat man überragende Einzelspieler, die in 1gegen1 Aktionen die Spielsituation lösen können, daher ist strukturiertes Zusammenspiel ein wichtiger und spielentscheidender Faktor, um gegnerische Abwehrreihen zu überwinden. In diesem Buch werden fünf Trainingseinheiten vorgestellt, die methodisch Auftakthandlungen gegen verschiedene Abwehrsysteme erarbeiten.

Die ersten beiden Trainingseinheiten erarbeiten Schritt für Schritt die Grundlagen der Kreuzbewegungen und der Sperrstellung des Kreisläufers mit Absetzen. In den weiteren drei Einheiten liegt der Schwerpunkt beim Spiel gegen eine 6:0, 5:1 und 3:2:1 Abwehr. Auftakthandlungen zum Ausspielen der jeweiligen Abwehrformation werden erarbeitet.

Wie in allen Bänden von handball-uebungen.de, liegt der Schwerpunkt des Buches in den praktischen Trainingseinheiten, die direkt in ein Training übernommen werden können. Lassen Sie sich inspirieren, wie ein Training von Angriffsvarianten gestaltet werden kann und bringen Sie auch Ihre eigenen Ideen mit ein. Ein kurzer theoretischer Abriss zur allgemeinen Trainingsplanung führt in das Thema ein und ermöglicht es Ihnen, Trainingseinheiten in ihre Jahresplanung zu integrieren.

Beispielgrafik:

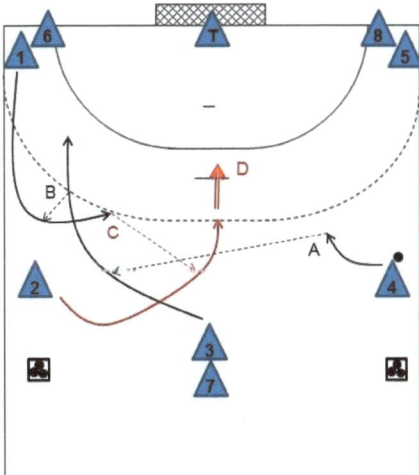

1. Auflage (09. Februar 2013)
Verlag: DV Concept (handball-uebungen.de)
Autoren: Jörg Madinger, Elke Lackner
ISBN: 978-3956411489

Inhalt

1. Legende zu den Trainingseinheiten

2. Trainingseinheiten

- TE 1: Grundlagen der Kreuzbewegung (★★)
- TE 2: Sperre und Absetzen (★★★)
- TE 3: Auftakthandlung mit anschließenden Würfen von den Positionen gegen eine 6:0 Abwehr (★★)
- TE 4: Nachläufer von RM gegen eine 5:1 Abwehr (★★★★)
- TE 5: Angriff gegen eine 3:2:1 Abwehr mit Einläufer von außen (★★★★)

3. Kurzer Einblick in die Jahresplanung

4. Aufbau von Trainingseinheiten

5. Die Rolle/Aufgaben des Trainers

6. Über den Autor

7. Weitere Fachbücher des Verlags DV Concept

1. Legende zu den Trainingseinheiten:

✖	Hütchen
	Ballkiste
1	Angreifer
1	Abwehrspieler
C	Trainer
	dünne Turnmatte
	großer Turnkasten

Schwierigkeit:

⭐ Einfache Anforderung (alle Jugend- und Aktivenmannschaften)
⭐⭐ Mittlere Anforderung (geeignet ab C-Jugend bis Aktive)
⭐⭐⭐ Höhere Anforderung (geeignet ab B-Jugend bis Aktive)
⭐⭐⭐⭐ Intensive Anforderung (geeignet für Leistungsbereiche)

2. Trainingseinheiten

TE 1	Grundlagen der Kreuzbewegung		★★	90

Startblock		Hauptblock				
X	Einlaufen/Dehnen		Angriff / individuell		Sprungkraft	
	Laufübung	X	Angriff / Kleingruppe		Sprintwettkampf	
X	Kleines Spiel		Angriff / Team		Torhüter	
	Koordination	X	Angriff / Wurfserie		**Schlussblock**	
	Laufkoordination		Abwehr /Individuell			
	Kräftigung		Abwehr / Kleingruppe	X	Abschlussspiel	
X	Ballgewöhnung		Abwehr / Team		Abschlusssprint	
X	Torhüter einwerfen		Athletiktraining			
			Ausdauertraining			

★:Einfache Anforderung (alle Jugend-Aktivenmannschaften)	★★: Mittlere Anforderung (geeignet ab C-Jugend bis Aktive)	★★★: Höhere Anforderung (geeignet ab B-Jugend bis Aktive)	★★★★: Intensive Anforderung (geeignet für Leistungsbereiche)

Benötigt:
- 3 große Turnkästen
- 2 Hütchen
- Ballkisten mit ausreichend Bällen

TE 1 - 1	Einlaufen/Dehnen	15	15

Ablauf:
Selbständiges Einlaufen mit Ball, wenn sich zwei Spieler „treffen" (aneinander vorbeilaufen), folgendes ausführen:
- Mit einer Hand abklatschen.
- Jeweils mit dem Fuß kurz berühren.
- Hochspringen und oben mit einer Hand abklatschen.
- Hochspringen und mit der Brust zusammengehen.
- Bälle tauschen.

- Gemeinsames Dehnen in der Gruppe.

handball-uebungen.de
Trainingseinheiten und Übungen für Ihr Training!

TE 1 - 2	kleines Spiel	10	25

Aufbau:

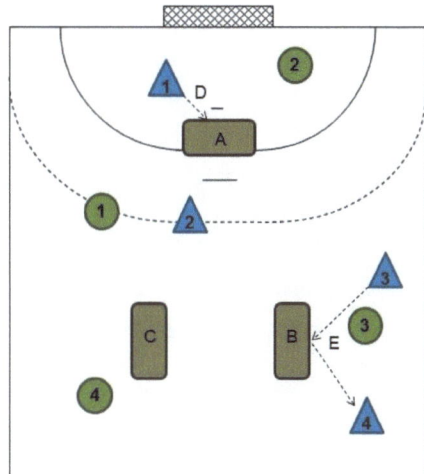

- Drei große Turnkästen werden aufgestellt und als „Tore" den Mannschaften zugeordnet.
- ▲1, ▲2, ▲3 und ▲4 spielen auf „B" und verteidigen „C".
- ●1, ●2, ●3 und ●4 spielen auf „C" und verteidigen „B".
- Kiste „A" gilt für beide Mannschaften als Ziel.
- Trefferfläche (Tor) am Kasten ist jeweils nur die Außenseite/Rückseite.
- Es wird nach Handballregeln gespielt.

Ablauf:

- Ein Punkt wird erzielt, wenn es der ballbesitzenden Mannschaft gelingt, den Ball an die Trefferfläche zu werfen (D). Derselbe Spieler darf danach den Ball nicht wiederaufnehmen.
- Gelingt es einem Mitspieler, den Ball nach dem Wurf auf den Kasten zu fangen (E), bleibt die Mannschaft in Ballbesitz und kann weiter versuchen, Punkte zu erzielen.

Variation:

- Alle drei Turnkästen dürfen als Ziel angespielt werden.
- Der gerade angespielte Turnkasten darf nicht unmittelbar danach wieder angespielt werden. Es muss zuerst versucht werden, einen anderen Kasten anzuspielen.

TE 1 - 3	Ballgewöhnung	10	35

Ablauf:

- ▲1 kreuzt (A) mit ▲2.
- ▲2 spielt (B) den Ball zu ▲3.
- Nach dem Pass ziehen sich ▲1 und ▲2 sofort wieder rückwärts zurück (C).
- ▲3 kreuzt (D) mit ▲4.
- ▲4 spielt (E) den Ball zu ▲2 (wichtig ist, dass der Ball zu ▲2 gespielt (E) wird, damit das Ankreuzen immer abwechselnd erfolgt).
- Nach dem Pass ziehen sich ▲3 und ▲4 sofort wieder rückwärts zurück (F).
- Danach wiederholt sich der Ablauf.

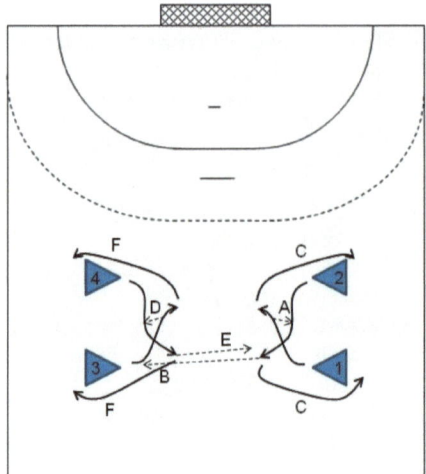

Variation:

- Beim Ankreuzen eine Sprungwurftäuschung machen und den Ball nach hinten so „rauslassen", dass der Mitspieler ihn fangen und gleich in die Gegengruppe passen kann.
- Sprungwurfpass in die Gegengruppe.

TE 1 - 4	Torhüter einwerfen	10	45

Ablauf:

- ▲1 startet und kreuzt ▲2 an (A), der dynamisch im Bogen angelaufen kommt (B).
- ▲2 wirft aus dem Lauf nach Vorgabe (C) (Hände, hoch, tief).
- ▲1 zieht sich sofort nach dem Ankreuzen rückwärts auf die Startposition von ▲2 zurück (D).
- ▲3 startet und kreuzt ▲1 an, usw.

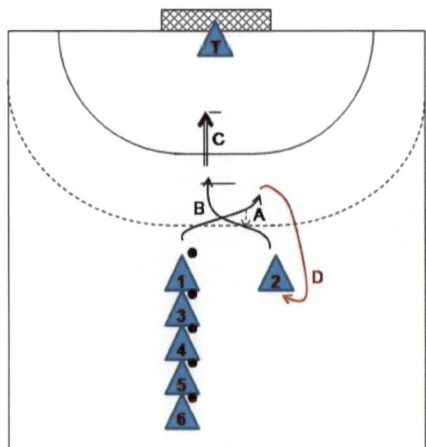

Variation:

- Seitenwechsel.
- Wurf aus dem schnellen Sprungwurf.

| TE 1 - 5 | Angriff / Wurfserie für Rückraumspieler | 10 | 55 |

Ablauf:

- 2 prellt dynamisch nach links und kreuzt mit 1 (A).

- 1 geht dynamisch Richtung Tor und wirft aus dem Sprungwurf heraus (B).

- Sobald 1 mit Wurf abgeschlossen hat, startet 5 und wiederholt den Ablauf nach rechts mit 3.

- 1 (C) und 2 (D) ziehen sich sofort nach ihrer Aktion rückwärts zurück und stellen sich wieder an.

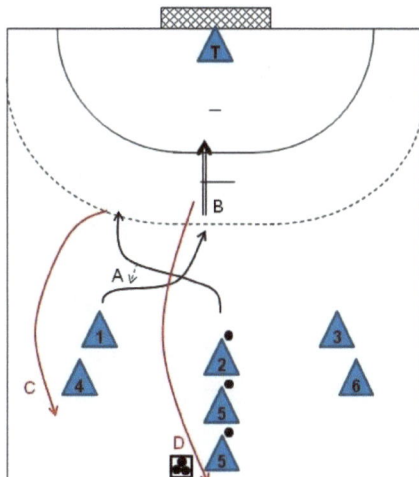

- usw.

| TE 1 - 6 | Angriff / Wurfserie für Außenspieler | 10 | 65 |

Ablauf:

- 1 kommt mit Ball dynamisch im Bogen von außen angestoßen und spielt 2 den Ball in den Lauf. Danach zieht sich 1 sofort wieder in die Ecke zurück (A).

- 2 stößt dynamisch an und kreuzt mit 3 (B).

- 3 zieht Richtung Tor und spielt den Ball als Bodenpass zu 1 (C), der von außen wirft.

- Direkt nach Abschluss startet 4 mit dem gleichen Ablauf.

- usw.

- 2 und 3 ziehen sich nach der Aktion sofort rückwärts zurück und stellen sich wieder an (D).

- Die Übung auf der anderen (RA-Seite) wiederholen (zeitversetzt im Wechsel LA/RA ausführen).

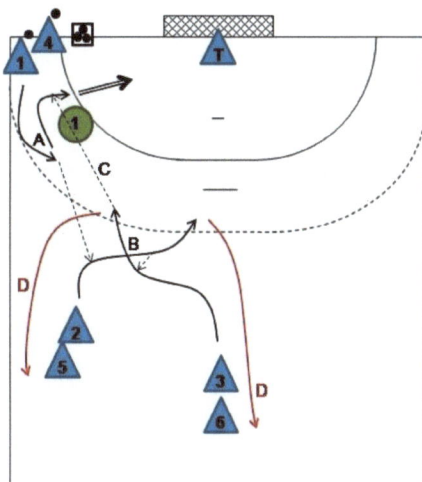

⚠ 1 agiert zuerst defensiv, versucht im Laufe der Übung aber, den Werfer zunehmend zu behindern.

| TE 1 - 7 | Angriff / Kleingruppe | 15 | 80 |

Ablauf 1:

- 🔺1 bringt den Ball ins Spiel und spielt 🔺2 in den Lauf (A).
- 🔺2 stößt dynamisch an und spielt 🔺3 den Ball in den Lauf (B).
- 🔺3 stößt dynamisch an und kreuzt mit 🔺4 (C).
- 🔺6 hält sich zwischen ⬤2 und ⬤3 auf. Wenn 🔺4 im Bogen angelaufen kommt, stellt sich 🔺6 bei ⬤3 in die Sperre, so dass er angespielt werden kann (D).
- 🔺2 stößt parallel nach links mit und kann ebenfalls angespielt werden (E).

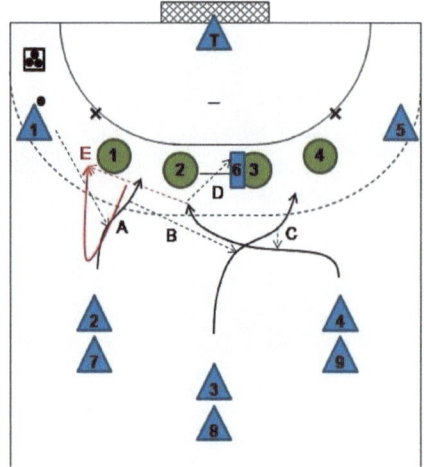

Ablauf 2:

- 🔺1 bringt den Ball ins Spiel und spielt 🔺2 in den Lauf (F).
- 🔺2 stößt dynamisch nach rechts und kreuzt mit 🔺4 (G).
- 🔺6 hält sich zwischen ⬤2 und ⬤3 auf. Wenn 🔺4 im Bogen angelaufen kommt, stellt sich 🔺6 bei ⬤3 in die Sperre, so dass er angespielt werden kann (H).
- 🔺3 läuft nach links weg, nimmt die Position von 🔺2 ein, stößt dynamisch mit und kann von 🔺4 angespielt werden (J).

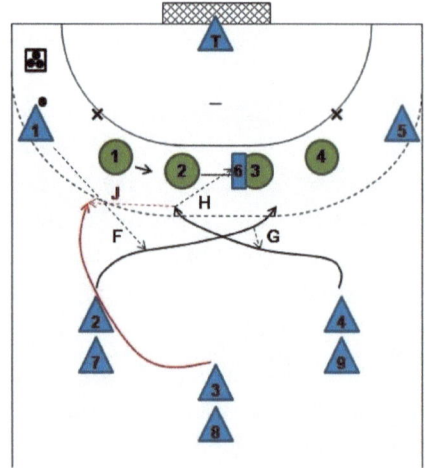

⚠️ Tritt ⬤2 nicht gegen 🔺4 heraus, soll der Wurf erfolgen.

⚠️ Der Ablauf muss dynamisch und mit Druck Richtung Abwehr erfolgen. Hat ein Angreifer die Chance auf den Durchbruch, soll er sie suchen, bzw. aus dem Rückraum werfen.

TE 1 - 8	Abschlussspiel	10	90

Ablauf:
- Zwei Mannschaften bilden, die Handball gegeneinander spielen
- Erfolgt ein Tor aus einer Kreuzbewegung, bekommt die angreifende Mannschaft einmalig einen Zusatzangriff ab der Mittellinie (erfolgt daraus dann wieder ein Tor, wechselt trotzdem der Ballbesitz und es gibt Anwurf für die andere Mannschaft)
- Gemeinsames Ausdehnen

TE 2	Sperre und Absetzen		★ ★ ★ 90		
Startblock		**Hauptblock**			
X	Einlaufen/Dehnen		Angriff / individuell	Sprungkraft	
	Laufübung	X	Angriff / Kleingruppe	Sprintwettkampf	
X	Kleines Spiel	X	Angriff / Team	Torhüter	
	Koordination		Angriff / Wurfserie		
	Laufkoordination		Abwehr /Individuell	**Schlussblock**	
	Kräftigung		Abwehr / Kleingruppe	X	Abschlussspiel
X	Ballgewöhnung		Abwehr / Team		Abschlusssprint
X	Torhüter einwerfen		Athletiktraining		
			Ausdauertraining		

★:Einfache Anforderung (alle Jugend-Aktivenmannschaften)	★ ★: Mittlere Anforderung (geeignet ab C-Jugend bis Aktive)	★ ★ ★: Höhere Anforderung (geeignet ab B-Jugend bis Aktive)	★ ★ ★ ★: Intensive Anforderung (geeignet für Leistungsbereiche)

Benötigt:
- ca. 8 Hütchen
- ausreichend Bällen

TE 2 - 1	Einlaufen/Dehnen	15	15

Ablauf:
- Die Spieler laufen in der halben Halle durcheinander und führen verschiedene Laufvarianten aus (vorwärts, rückwärts, Sidesteps, Hopserlauf…).
- Nach ca. 1-2 Minuten pfeift der Trainer und nennt im Anschluss 2-3 Namen.
- Die Spieler, deren Namen nicht genannt wurden, stellen sich mit breiter Beinstellung hin, die genannten Spieler versuchen, in den nächsten 20 Sekunden durch so viele Beine wie möglich zu krabbeln.
- Anschließend laufen die Spieler weiter, bis der Trainer wieder pfeift und andere Namen nennt.
- Anstatt dem Krabbeln durch die Beine kann auch ein Bocksprung über die Spieler oder ein Umkreisen der Spieler im Sprint o.ä. gefordert werden.
- Gemeinsam in der Gruppe dehnen/mobilisieren.

TE 2 - 2	kleines Spiel	10	25

Aufbau:

- Mit Hütchen oder Linien ein geeignetes Feld markieren
- Es werden zwei Mannschaften gebildet mit gleich vielen Spielern
- 2-3 Spieler werden als Blockspieler markiert

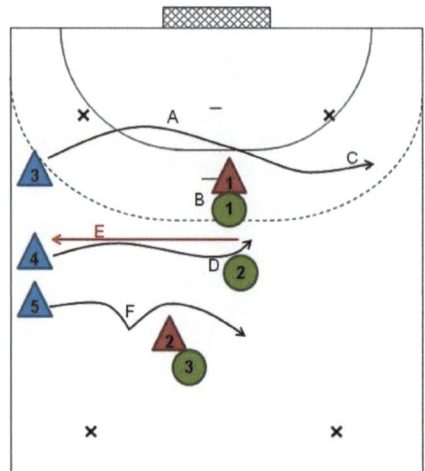

Ablauf:

- Die Angreifer **3**, **4** und **5** starten außerhalb des Feldes und versuchen, im Sprint auf die andere Seite zu kommen (A), ohne von den Abwehrspielern (**1**, **2** und **3**) berührt zu werden (D).
- Wird ein Angreifer berührt (D), muss er wieder zurück auf die Ausgangsposition (E).
- **1** und **2** helfen als Blockspieler dem Angriff und versuchen, die Abwehrspieler durch Sperren zu behindern (B), sodass die Angreifer passieren können (F)
- Kommt ein Angreifer auf der anderen Seite an (C), gibt es einen Punkt. Der Angreifer darf dann von der anderen Seite aus versuchen, wieder durch das Feld zurückzulaufen (ohne Berührung) und so weitere Punkte sammeln.
- Wie viele Punkte schafft der Angriff in einer vorgegebenen Zeit?

Variation:
- Die Angreifer prellen einen Ball

⚠ Der Angriff soll mit den Blockspielern zusammenarbeiten und versuchen, schnell auf die Sperren einzugehen.

⚠ Die Blockspieler müssen sehr aktiv arbeiten und immer wieder bei anderen Abwehrspielern Sperren stellen.

TE 2 - 3	Ballgewöhnung	10	35

Ablauf:

- Die Angreifer bilden 4er-Gruppen mit je drei Hütchen und einem Ball und stellen sich wie im Bild auf.
- 🔺2 passt zu 🔺1 (A), 🔺1 macht eine Körpertäuschung um das Hütchen herum (B) und passt zu 🔺4 (C).
- 🔺4 passt zurück zu 🔺2 (D).
- 🔺2 spielt den langen Pass zu 🔺3 (E) und der Ablauf startet von der anderen Seite.
- Nach 1-2 Minuten die Positionen wechseln.

Variante:

- Anstatt des Hütchens einen Abwehrspieler stellen, der den Pass nach der Körpertäuschung erschwert.

⚠️ 🔺1 soll die Körpertäuschung abwechselnd nach rechts und links durchführen und verschiedene Passvarianten zu 🔺4 (C) ausprobieren.

⚠️ 🔺4 simuliert einen Kreisläufer und kann sich entsprechend der Täuschung leicht nach links/rechts bewegen.

TE 2 - 4	Torhüter einwerfen	10	45

Ablauf:

- **2** passt den Ball zu **1** (A) und bekommt den Rückpass (B).

- Beim Rückpass von **1** zu **2** (B) stellt **6** die Sperre beim Hütchen vorne (C).

- **2** macht eine Täuschung nach links und zieht dann rechts am Hütchen vorbei (D).

- **6** setzt sich an den Kreis ab (E), bekommt den Ball von **2** gepasst (F) und wirft nach Vorgabe (Hände, hoch, halb, tief) auf das Tor (G).

- **2** wird der nächste Kreisläufer, und **3** startet mit dem gleichen Ablauf.

- **6** stellt sich in der Mitte an.

- Den Anspieler **1** in jeder Runde austauschen.

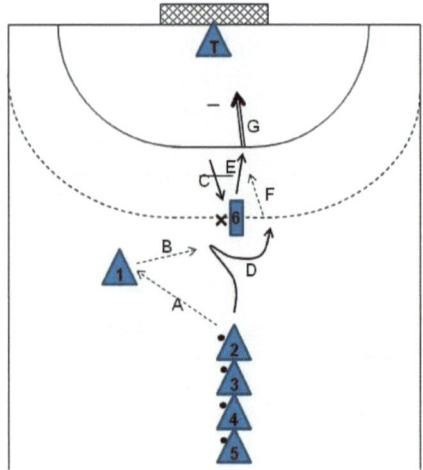

⚠ Die Spieler müssen sich nach dem Pass (F) schnell als Kreisläufer positionieren, so dass für den Torwart ein Rhythmus entsteht.

TE 2 - 5	Angriff / Kleingruppe	10	55

Ablauf:

-   △2 passt den Ball zu △1 (A) und bekommt den Rückpass (B)

-   Beim Rückpass von △1 zu △2 (B) stellt △6 die Sperre beim Hütchen vorne (C).

-   △2 macht eine Täuschung nach links und zieht dann rechts am Hütchen vorbei (D)

-   Tritt ①1 an △2 heraus (E), setzt △6 sich an den Kreis ab (F), bekommt den Ball von △2 gespielt (G) und wirft (H)

-   Bleibt ①1 an 6m stehen, wirft △2 aus dem Sprungwurf.

-   Danach startet △3 mit dem gleichen Ablauf

-   Nach jedem Durchgang Anspieler, Abwehrspieler und eventuell Kreisläufer wechseln.

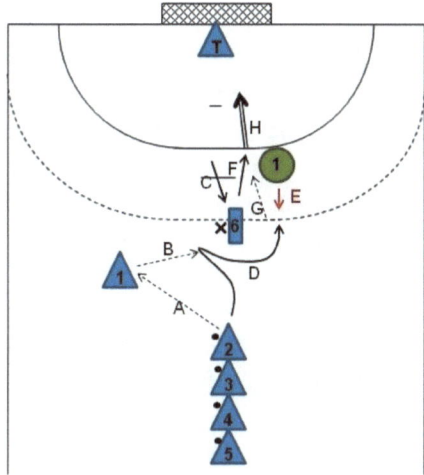

⚠ ①1 soll sein Verhalten in der Abwehr variieren, sodass der Angreifer die Entscheidung in der Aktion treffen muss.

TE 2 - 6	Angriff / Kleingruppe	15	70

Ablauf:

- ▲2 passt den Ball zu ▲1 (A) und bekommt den Rückpass (B).

- Beim Rückpass von ▲1 zu ▲2 (B) stellt ▲6 die Sperre bei ①1 vorne (C).

- ▲2 macht eine Täuschung nach links und zieht dann rechts am Hütchen vorbei (D).

- Tritt ②2 an ▲2 heraus (E), setzt ▲6 sich an den Kreis ab (F), bekommt den Ball von ▲2 gespielt (G) und wirft (H).

- Bleibt ②2 an 6m stehen, wirft ▲2 aus dem Sprungwurf.

- ①1 versucht, den Pass zu ▲6 zu verhindern, falls ②2 heraustritt.

- Sollte sich ①1 bereits zu früh ausschließlich auf den Kreisläufer konzentrieren, kann ▲2 auch links an ①1 vorbeigehen (J).

- Danach startet ▲3 mit dem gleichen Ablauf.

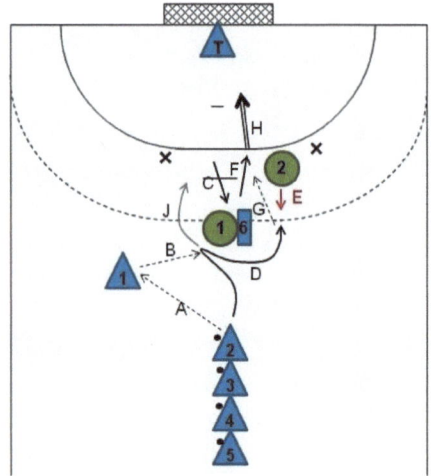

⚠ ▲6 muss jetzt eine deutliche Sperre stellen und sich im richtigen Moment absetzen, um zu verhindern, dass ①1 an den Ball kommt.

⚠ ①1 und ②2 sollen zunehmend variabel agieren, um den Angriff zu Entscheidungen zu zwingen.

TE 2 - 7	Angriff / Team	10	80

Ablauf:

- Spiel 4gg4. Der Angriff hat die Vorgabe, mit Sperre/Absetzen auf den vorgezogenen Abwehrspieler das Spiel zu eröffnen.
- Ein Beispiel für eine Angriffsaktion:
  - ○ **3** passt zu **1** (A) und bekommt den Rückpass (B)
  - ○ Beim Rückpass von **1** zu **3** (B) stellt **6** die Sperre bei **3** vorne (C).
  - ○ **3** macht eine Täuschung nach links und zieht dann rechts am Hütchen vorbei (D).
- Je nachdem, wie sich die Abwehr nun verhält, wird entsprechend weitergespielt:
  - ○ Bleibt die Abwehr defensiv, wirft **3** aus dem Sprungwurf.
  - ○ Entsteht eine Lücke zwischen **4** und **1**, setzt **6** sich an den Kreis ab (F), bekommt den Pass von **3** (G) und wirft (H).
  - ○ Tritt **4** heraus (E), kann auch ein Parallelpass zum mitlaufenden **2** erfolgen (J und K).

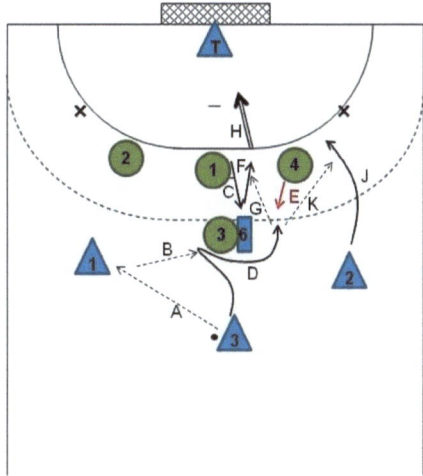

Wettkampf:

- Jede 4er Gruppe spielt 10 Angriffe. Dann ist Aufgabenwechsel. Wer erzielt mehr Tore aus dem Ablauf?

⚠ Den Ablauf nach links und rechts spielen.

⚠ Die Abwehr soll variabel agieren, um den Angriff zu Entscheidungen zu zwingen.

TE 2 - 8	Abschlussspiel	10	90

Grundaufbau:

- Zwei Mannschaften bilden, die Handball gegeneinander spielen.

Ablauf:

- Die Abwehr spielt 5:1 mit einem vorgezogenen Spieler auf der Mittelposition
- Beide Mannschaften müssen versuchen, durch ein Sperre-Absetzen ein Tor zu erzielen
- Ein Tor, das direkt aus dem Sperre-Absetzen erzielt wurde (maximal 2 anschließende Pässe), zählt doppelt
- Verlierermannschaft macht eine vorab vereinbarte Strafe (Liegestützen, Steigerungsläufe...)

TE 3	Auftakthandlung mit anschließenden Würfen von den Positionen gegen eine 6:0 Abwehr		★★	90

Startblock		Hauptblock				
X	Einlaufen/Dehnen		Angriff / individuell			Sprungkraft
	Laufübung		Angriff / Kleingruppe			Sprintwettkampf
X	Kleines Spiel	X	Angriff / Team			Torhüter
	Koordination		Angriff / Wurfserie			
	Laufkoordination		Abwehr /Individuell			**Schlussblock**
	Kräftigung		Abwehr / Kleingruppe	X		Abschlussspiel
X	Ballgewöhnung		Abwehr / Team			Abschlusssprint
X	Torhüter einwerfen		Athletiktraining			
			Ausdauertraining			

★:Einfache Anforderung (alle Jugend-Aktivenmannschaften)	★ ★: Mittlere Anforderung (geeignet ab C-Jugend bis Aktive)	★ ★ ★: Höhere Anforderung (geeignet ab B-Jugend bis Aktive)	★ ★ ★ ★: Intensive Anforderung (geeignet für Leistungsbereiche)

Benötigt:
- 8 Hütchen
- 2 Ballkisten mit ausreichend Bällen
- 4 dünne Turnmatten

TE 3 - 1	Einlaufen/Dehnen	15	15

Ablauf:
- Alle Spieler bewegen sich in 2er Gruppen frei durch die Halle und passen sich dabei einen Ball.
- Laufrichtung immer wieder wechseln (vorwärts, rückwärts, seitwärts).
- Zwei 2er Gruppen finden sich zusammen, eine 2er Gruppe macht die Lauf- und Passbewegungen vor, die zweite 2er Gruppe muss die Lauf- und Passbewegungen zügig nachmachen:
  o Kurze/weite Pässe.
  o Sprungwurfpass.
  o 1 gegen 1 Aktionen.
- Nach einer Weile wird getauscht und die andere 2er Gruppe macht die Bewegungen vor.

Gemeinsam in der Gruppe dehnen.

| TE 3 - 2 | kleines Spiel | 10 | 25 |

Ablauf:

Zwei Mannschaften spielen Parteiball im Feld.

- Nach jedem Pass muss △1 zuerst das Feld verlassen (A) bevor er erneut angespielt werden darf.
- Wenn die ballführende Mannschaft es schafft, 10 Pässe zu spielen, ohne dass der Ball von der anderen Mannschaft berührt wird, muss die Abwehr z.B. 10 Liegestützen machen.
- Ohne prellen.

Variationen:

- Sprungwurfpass.
- Pass mit der falschen Hand.

Zusatzaufgaben für die Spieler, die das Feld nach dem Pass verlassen (Bevor sie wieder angespielt werden):

- z.B. 5 Liegestützen.
- Purzelbaum auf einer Matte.
- Strecksprünge.

TE 3 - 3	Ballgewöhnung	10	35

Ablauf:

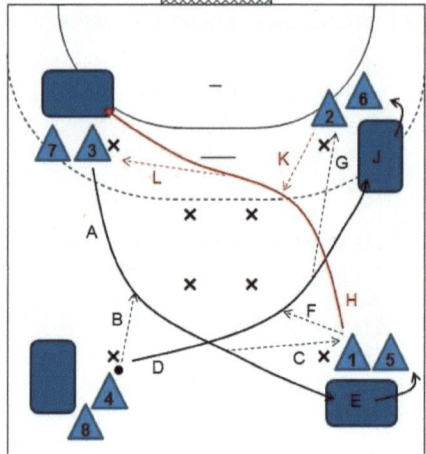

- ▲3 startet dynamisch (A) und bekommt von ▲4 den Ball in den Lauf gespielt (B).

- ▲3 läuft mit Ball um die Hütchen und passt zu ▲1 (C).

- ▲4 startet dynamisch im Bogen (D) und bekommt von ▲1 den Ball in den Lauf gespielt (F).

- ▲3 macht nach seinem Pass zu ▲4 (C) einen Purzelbaum auf der dünnen Turnmatte und stellt sich danach wieder an (E).

- ▲4 läuft mit Ball um die Hütchen und passt zu ▲2 (G).

- Nach dem Pass macht ▲4 einen Purzelbaum auf der Matte (J) und stellt sich wieder an.

- ▲1 startet dynamisch im Bogen (H) und bekommt von ▲2 den Ball in den Lauf gespielt (K) und passt ihn weiter zu ▲7 (L).

- Usw.

Variation:

- Bei drei Spielern je Gruppe wird ein zweiter Ball ins Spiel gebracht. ▲2 und ▲4 haben je einen Ball und ▲3 und ▲1 starten gleichzeitig mit dem Ablauf.

⚠ Die Spieler sollen dynamisch mit vollem Tempo den Pass- und Laufweg absolvieren.

⚠ Erst starten, wenn der Passgeber den Ball hat.

TE 3 - 4	Torhüter einwerfen	10	45

Aufbau:

- Jeder Spieler mit zwei Bällen.

Ablauf (Tor oben):

- ▲1 umläuft (A) ▲2 und wirft mit dem ersten Ball nach Vorgabe (Hände-hoch-tief-halb) aufs Tor.

- Etwas zeitversetzt startet ▲8, umläuft (B) ▲7 und wirft nach Vorgabe aufs Tor.

- ▲2 startet (C) sofort, nachdem ▲1 geworfen hat um ▲3.

- ▲7 startet (D) sofort, nachdem ▲8 geworfen hat um ▲6.

- ▲4 und ▲5 laufen zum Abschluss jeweils um das Hütchen und werfen.

Ablauf (Tor unten):

- Nach dem Wurf startet ▲1 sofort, prellt mit dem zweiten Ball Richtung unteres Tor und wirft dort nach der gleichen Vorgabe wie oben.

- Die weiteren Spieler müssen darauf achten, dass für den unteren Torhüter ein Rhythmus entsteht (Geschwindigkeit in der Laufbewegung anpassen).

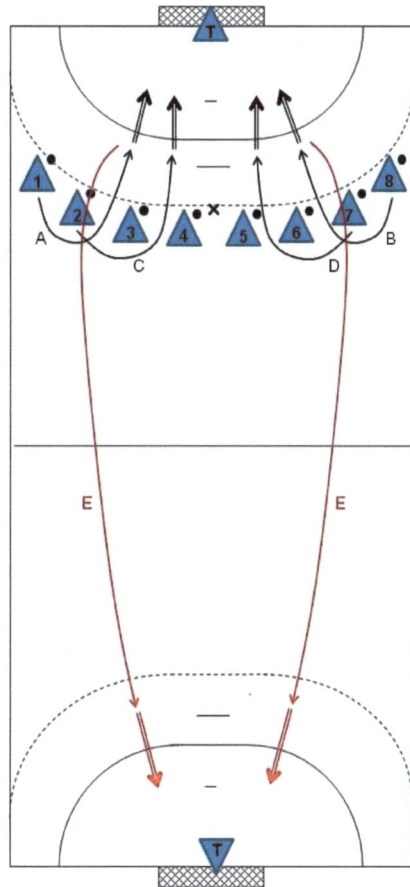

TE 3 - 5	Angriff / Team	8	53

Ablauf:

- ▲4 stößt mit Ball nach links an und passt ▲3 den Ball in den Lauf (A), der dynamisch weit nach links stößt.

- ▲1 kommt dynamisch im Bogen von außen angelaufen, nimmt die Kreuzbewegung von ▲3 an, bekommt den Ball gespielt (B) und wirft aus dem vollen Lauf heraus auf das Tor (C).

- Danach wiederholt sich der Ablauf auf der anderen Seite.

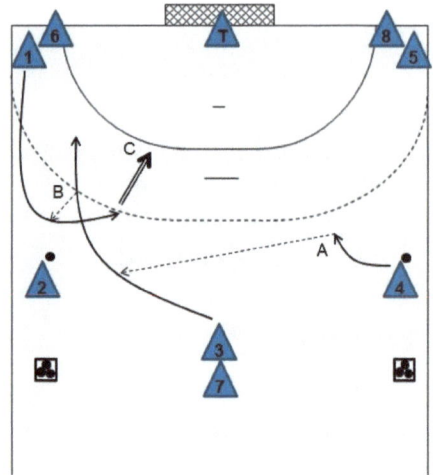

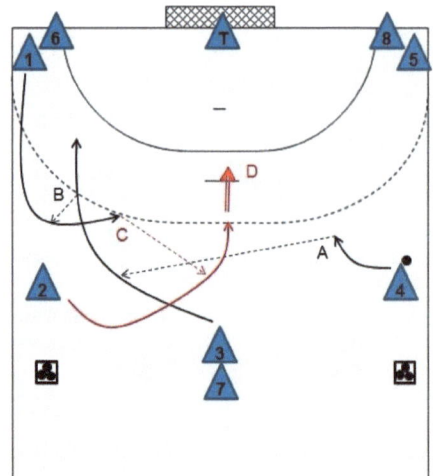

- Usw.

⚠ ▲1 muss mit hoher Dynamik von außen angelaufen kommen.

TE 3 - 6	Angriff / Team	7	60

Ablauf:

- ▲4 stößt mit Ball nach links an und passt ▲3 den Ball in den Lauf (A), der dynamisch weit nach links stößt.

- ▲1 kommt dynamisch im Bogen von außen angelaufen, nimmt die Kreuzbewegung von ▲3 an und bekommt den Ball gespielt (B).

- ▲2 geht im großen Bogen auf die Mitte über, läuft dynamisch Richtung Tor, bekommt von ▲1 den Ball in den Lauf gespielt (C) und wirft aus dem vollen Lauf heraus auf das Tor (D).

- Danach wiederholt sich der Ablauf auf der anderen Seite.

- Usw.

⚠ ▲2 soll erst nach rechts Richtung Mitte übergehen, bevor er dynamisch Richtung Tor läuft.

TE 3 - 7	Angriff / Team	10	70

Ablauf:

- ▲4 stößt mit Ball nach links an und passt ▲3 den Ball in den Lauf (A), der dynamisch weit nach links stößt.

- ▲4 geht nach seinem Pass sofort wieder zurück auf seine Ausgangsposition (D).

- ▲1 kommt dynamisch im Bogen von außen angelaufen, nimmt die Kreuzbewegung von ▲3 an und bekommt den Ball gespielt (B).

- ▲2 geht im großen Bogen auf die Mitte über, läuft dynamisch Richtung Tor, bekommt von ▲1 den Ball in den Lauf gespielt (C).

- ▲4 stößt parallel mit und bekommt von ▲2 in den Lauf gespielt (E):

  - ○ Bleibt ●2 defensiv auf 6 Meter stehen, wirft ▲4 aus vollem Lauf heraus auf das Tor (F).

  - ○ Tritt ●2 offensiv auf ▲4 heraus (G), spielt ▲4 einen Bodenpass nach außen zu ▲5 (H), der im Bogen angelaufen kommt und mit Wurf abschließt (J).

- Danach wiederholt sich der Ablauf auf der anderen Seite.

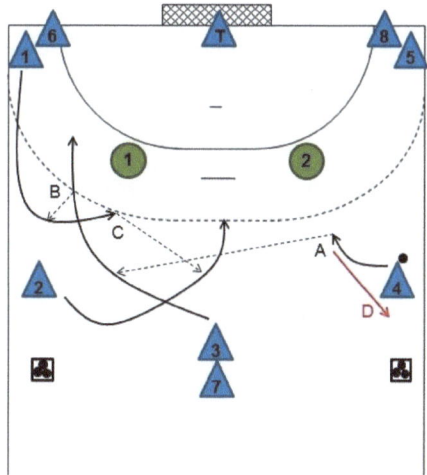

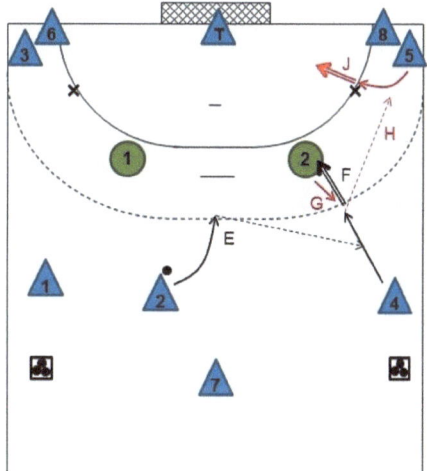

- Usw.

⚠ ●1 und ●2 sollen ihre Bewegungen immer wieder variieren und die Angreifer zu Reaktionen (Wurf oder Pass nach außen) zwingen.

TE 3 - 8	Angriff / Team		10	80

Ablauf:

- Von der rechten Seite wird angestoßen (nicht im Bild).

- 3 bekommt von 4 den Ball in den Lauf und stößt dynamisch nach links und kreuzt mit 1, der dynamisch im Bogen von außen angelaufen kommt (A).

- 1 zieht Richtung Tor und spielt 2 den Ball in den Lauf, der dynamisch im großen Bogen angelaufen kommt (B).

- 2 entscheidet nun:
  - o bleibt 4 defensiv stehen, geht 2 in den Sprungwurf und schließt mit Wurf ab (C).
  - o kommt 4 heraus, stößt 2 dynamisch Richtung Tor und spielt 4 den Ball in den Lauf (D).

- 4 entscheidet nun:
  - o Hat 5 sich Richtung Mitte (G) orientiert, bricht 4 dynamisch durch und schließt mit Wurf ab (E).
  - o Verschiebt 5 mit nach Halb, stößt 4 Richtung Tor und passt den Ball als Bodenpass nach außen zu 5, der mit Torwurf abschließt (F).

- Danach beginnt der Ablauf von der anderen Seite.
- Usw.

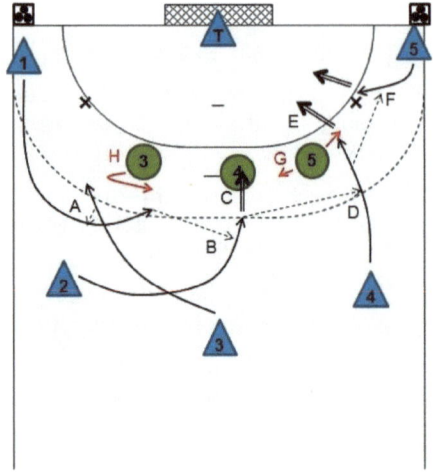

⚠ 3 soll die Bewegungen von 3 und 1 im Laufe der Übung immer mehr stören (H).

⚠ Die Stoßbewegungen deutlich und dynamisch Richtung Tor machen.

⚠ Die Spieler sollen in ihrer Aktion immer zuerst den Weg zum Torerfolg suchen (2 und 4).

TE 3 - 9	Abschlussspiel	10	90

Grundaufbau:
- Zwei Mannschaften bilden, die 6gegen6 gegeneinander spielen.
- Abwehr: Jeweils 6:0.

Ablauf:
- Ein Tor aus der zuvor geübten Auftakthandlung ergibt zwei Punkte.

Die Verlierermannschaft macht eine Strafe → vorher Aufgabe definieren.

TE 4	Nachläufer von RM gegen eine 5:1 Abwehr	★★★★	90
Startblock		**Hauptblock**			
---	---	---	---	---	---
X	Einlaufen/Dehnen		Angriff / individuell		Sprungkraft	
	Laufübung	X	Angriff / Kleingruppe		Sprintwettkampf	
X	Kleines Spiel	X	Angriff / Team		Torhüter	
	Koordination	X	Angriff / Wurfserie			
	Laufkoordination		Abwehr /Individuell		**Schlussblock**	
	Kräftigung		Abwehr / Kleingruppe		Abschlussspiel	
X	Ballgewöhnung		Abwehr / Team	X	Abschlusssprint	
X	Torhüter einwerfen		Athletiktraining			
			Ausdauertraining			

★: Einfache Anforderung (alle Jugend-Aktivenmannschaften)	★ ★: Mittlere Anforderung (geeignet ab C-Jugend bis Aktive)	★ ★ ★: Höhere Anforderung (geeignet ab B-Jugend bis Aktive)	★ ★ ★ ★: Intensive Anforderung (geeignet für Leistungsbereiche)

Benötigt:
- 12 Hütchen
- 1 Fußball
- Ballkiste mit ausreichend Bällen

TE 4 - 1	Einlaufen/Dehnen	15	15

Ablauf:
- Die Spieler laufen in verschiedenen Varianten (vorwärts, rückwärts, Sidestep, Hopserlauf ohne/mit Armkreisen…) durch die Halle
- Auf Pfiff des Trainers finden sich zwei Spieler zusammen und führen wechselnde Aufgaben durch:
  - Die Spieler stehen sich gegenüber und springen gleichzeitig von einem Bein auf das andere. Dabei werden die Fußinnenseiten des freien Beins zusammengeführt abwechselnd rechts und links
  - Die Spieler stehen sich gegenüber und springen gleichzeitig von einem Bein auf das andere. Dabei werden die Fußaußenseiten des freien Beins zusammengeführt abwechselnd rechts und links
  - Die Spieler stehen sich gegenüber und versuchen, sich gegenseitig leicht auf die Oberschenkel zu schlagen und zu verhindern, selbst am Oberschenkel berührt zu werden.
  - Die Spieler stehen sich gegenüber und versuchen, sich gegenseitig leicht auf die Wade zu schlagen und zu verhindern, selbst an der Wade berührt zu werden.
- Gemeinsam in der Gruppe dehnen, immer abwechselnd eine Übung vormachen

TE 4 - 2	kleines Spiel	10	25

Aufbau:

- Immer zwei Spieler halten sich an der Hand und dürfen sich nicht loslassen.
- Sechs Hütchentore auf dem Spielfeld verteilen.
- Es wird eine Fußballvariante gespielt.

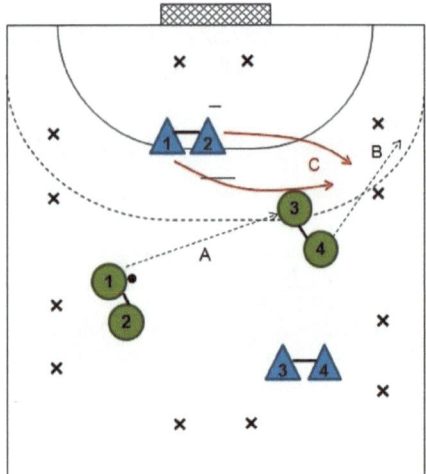

Ablauf:

- ①, ② und ③, ④ versuchen, den Ball durch eines der Hütchentore zu kicken (A und B).
- Gelingt ihnen ein Tor, dürfen sie direkt weiterspielen und weitere Tore erzielen. Dabei muss das Hütchentor nach jedem Schussversuch gewechselt werden.
- ①, ② und ③, ④ versuchen, den Ball zu erkämpfen und ebenfalls gemeinsam Tore zu erzielen (C).

Die Mannschaft, die zuerst fünf (10) Tore erzielt hat, hat gewonnen. Die andere Mannschaft muss dann eine Zusatzaufgabe (Hampelmann, Liniensprints…) machen.

TE 4 - 3	Ballgewöhnung	10	35

Ablauf:

- ▲2 startet, bekommt von ▲1 den Ball in den Lauf gespielt (A) und passt den Ball sofort ▲3 in den Lauf (B).

- Nach dem Pass läuft ▲2 weiter, umläuft das Hütchen und stellt sich eine Position nach links wieder an (C).

- ▲3 passt den Ball sofort ▲4 in den Lauf (D), umläuft das Hütchen in der Mitte und stellt sich eine Position nach links wieder an (E).

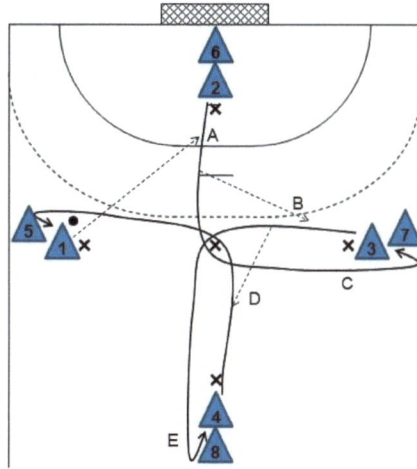

- Usw.

⚠ Die Spieler sollen nach dem Pass (B und D) sofort weiterlaufen und zügig um das Hütchen zur nächsten Anstellposition laufen.

⚠ Die Spieler müssen beim Laufen um das Hütchen aufpassen, dass sie sich nicht in die Quere kommen.

TE 4 - 4	Torhüter einwerfen	10	45

Ablauf:

- ▲1 startet, passt Ⓒ den Ball (A), umläuft das äußere Hütchen (B), bekommt von Ⓒ den Rückpass (C) und wirft nach Vorgabe auf das Tor (D).

- ▲2 startet etwas zeitversetzt mit dem gleichen Ablauf, so dass für den Torhüter eine Wurfserie entsteht.

- Der letzte Spieler startet nach seinem Wurf direkt zur schnellen Mitte und bekommt vom Torhüter den Ball in den Lauf gespielt (E). Dabei soll der Torhüter den Ball des letzten Werfers holen und damit den Pass spielen.

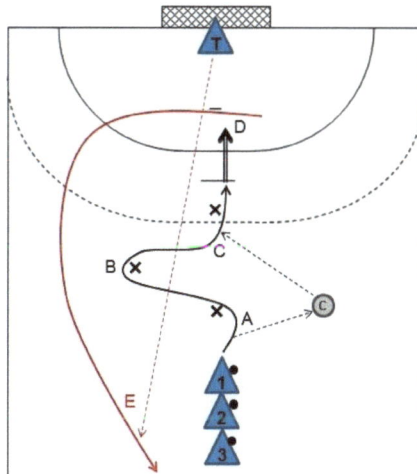

TE 4 - 5	Angriff / Wurfserie	10	55

Ablauf:

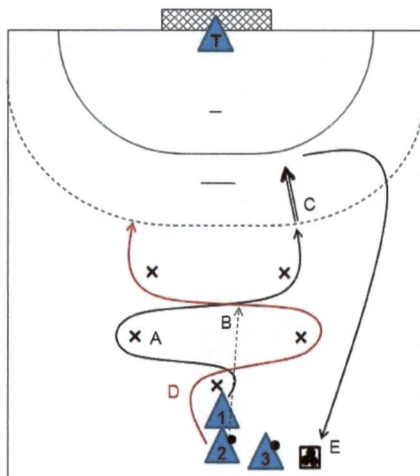

- ▲1 startet ohne Ball, umläuft das äußere Hütchen (A), bekommt von ▲2 den Ball gespielt (B) und schließt mit freiem Wurf ab (C)

- Nach dem Wurf sprintet ▲1 sofort zur Ballkiste, holt sich einen neuen Ball und stellt sich wieder an (E)

- Etwas verzögert (so dass der Torhüter ausreichend Zeit hat, sich wieder richtig im Tor zu positionieren) startet ▲2 mit dem gleichen Ablauf auf die andere Seite (D)

- Usw.

⚠ die Werfer sollen jeweils nach dem Umlaufen des äußeren Hütchens (A), mit hoher Dynamik die Richtungsänderung durchführen und Richtung Tor gehen

TE 4 - 6	Angriff / Kleingruppe	10	65

Ablauf:

- ▲3 spielt ▲2 den Ball in den Lauf (A), der sofort weiter zu ▲1 in den Lauf passt, der leicht nach links stößt (B)
- Nach dem Pass zu ▲1 (B) startet ▲2 und versucht, mit Körpertäuschungen nach links an ●1 vorbei zu laufen (●1 ist dabei halbaktiv, behindert ▲2, lässt ihn aber am Ende durch) (C)
- ▲1 stößt prellend nach rechts und passt den Ball zu ▲3, der ihm leicht nach links entgegenläuft (D)
- ▲2 läuft hinter ●1 am Kreis entlang nach rechts (E)
- ▲3 prellt dynamisch mit Ball deutlich nach rechts Richtung Tor und spielt den Ball zu ▲2 (F), der um das Hütchen herum Richtung Tor geht und mit Wurf abschließt
- Danach wiederholt sich der Ablauf auf der anderen Seite

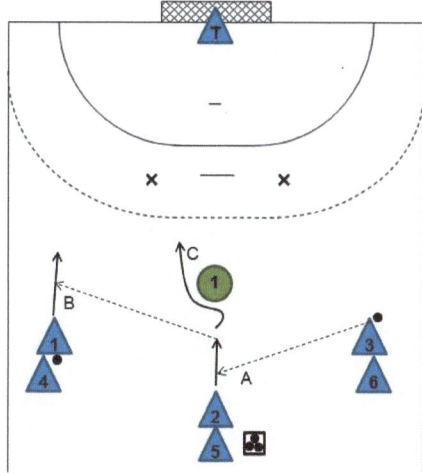

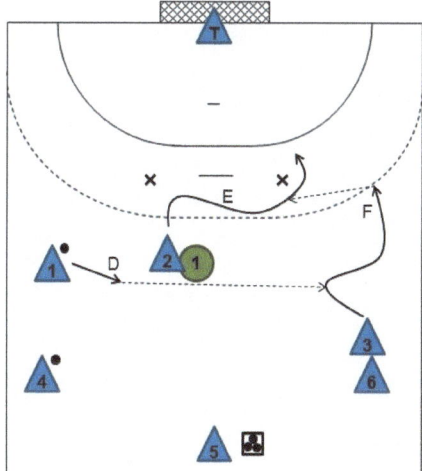

TE 4 - 7	Angriff / Team	20	85

Ablauf:

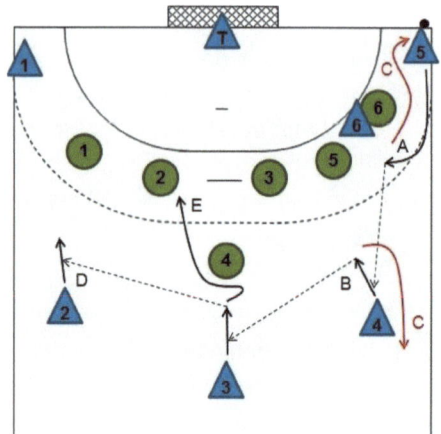

- 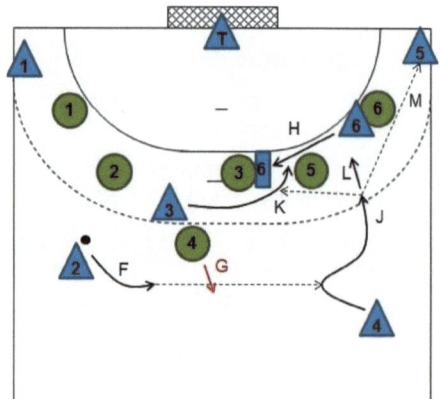 **5** stößt von außen und spielt **4** in den Lauf (A), der weiter zu **3** passt (B).

- **4** und **5** gehen nach ihrem Pass sofort wieder zurück auf die Ausgangsposition (C).

- **3** stößt (abhängig von der Position von **4**) und passt den Ball **2** in den Lauf, der etwas nach links verlagert (D).

- Nach dem Pass zu **2** läuft **3** mit Lauftäuschungen nach links in die Abwehr (E).

- **2** verlagert prellend nach rechts und passt den Ball zu **4**, der ebenfalls etwas in die Mitte verlagert (F).

⚠ Auf das Zustellen des Passweges durch **4** aufpassen (G).

- Mit dem Pass zu **4** (F), stellt sich **6** bei **3** in die Sperre (H).

⚠ Die Sperre nicht zu früh stellen, damit **3** davon nichts „mitbekommt".

- **4** stößt dynamisch prellend nach der Lauftäuschung nach rechts zwischen **5** und **6** (J).

Weiterspielmöglichkeiten:

- **4** versucht selbst dynamisch durchzubrechen (L).

- Wird die Lücke zwischen **5** und **6** zugeschoben, wird die Überzahlsituation ausgenutzt, entweder:

  o **3** kommt dynamisch im Bogen um die Sperre von **6** gelaufen und wird mit Bodenpass angespielt (K).

  o Oder der Ball wird als Bodenpass zu **5** gespielt (M).

TE 4 - 8	Abschlusssprint	5	90

Ablauf:

- ▲1 startet auf Kommando und versucht, die gegenüberliegende Linie zu überlaufen, ohne von ▲4 berührt zu werden (A).

- ▲4 versucht, ▲1 abzufangen und abzuschlagen (B).

- Schafft es ▲1, ohne Berührung über die Linie zu laufen, bekommt er einen Punkt. Berührt ihn ▲4 vorher, bekommt ▲4 einen Punkt.

- Danach startet ▲2 mit dem gleichen Ablauf. Usw., bis alle Spieler der Mannschaft gelaufen sind. Danach erfolgt der Aufgabenwechsel.

- Welche Mannschaft macht mehr Punkte? Verlierermannschaft macht jeweils Liegestützen oder Sit-Ups.

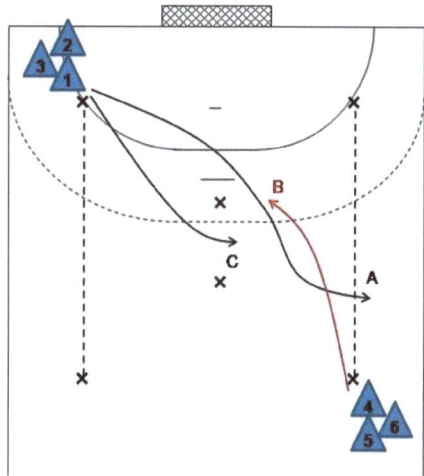

Variation:

- Läuft ▲1 auf direktem Weg über die Linie (A), bekommt er einen Punkt.

  Wenn ▲1 den „Umweg" durch das Hütchentor nimmt und ohne Berührung über die Linie läuft, bekommt er zwei Punkte (C).

TE 5	Angriff gegen eine 3:2:1 Abwehr mit Einläufer von außen		★★★★	90

Startblock		Hauptblock				
X	Einlaufen/Dehnen			Angriff / individuell		Sprungkraft
	Laufübung		X	Angriff / Kleingruppe		Sprintwettkampf
X	Kleines Spiel		X	Angriff / Team		Torhüter
	Koordination			Angriff / Wurfserie		
	Laufkoordination			Abwehr /Individuell		**Schlussblock**
	Kräftigung			Abwehr / Kleingruppe	X	Abschlussspiel
X	Ballgewöhnung			Abwehr / Team		Abschlusssprint
X	Torhüter einwerfen			Athletiktraining		
				Ausdauertraining		

★ :Einfache Anforderung (alle Jugend-Aktivenmannschaften)	★ ★ : Mittlere Anforderung (geeignet ab C-Jugend bis Aktive)	★ ★ ★ : Höhere Anforderung (geeignet ab B-Jugend bis Aktive)	★ ★ ★ ★ : Intensive Anforderung (geeignet für Leistungsbereiche)

Benötigt:

- 4 Hütchen
- 1 Ballkiste mit ausreichend Bällen

TE 5 - 1	Einlaufen/Dehnen	15	15

Ablauf:

- Die Spieler laufen kreuz und quer durch die Halle, immer zwei Spieler passen sich dabei einen Ball locker zu (kurze und weite Pässe).
- Immer wieder die Laufbewegung verändern (vorwärts, rückwärts, seitwärts, Hopserlauf…).
- Die beiden sollen dabei versuchen, einer anderen Gruppe den Ball zu „klauen". Sie müssen sich ihren Ball aber dabei weiter zupassen. Haben sie einen anderen Ball ergattert, müssen beide Bälle gepasst werden. Die Mannschaft die ihren Ball verloren hat, sprintet einmal 20 Meter und bekommt danach den Ball wieder zurück.

Gemeinsames Dehnen in der Gruppe.

TE 5 - 2	kleines Spiel	10	25

Ablauf:

- Auf Kommando startet **1** und fängt durch Abschlagen (A) z.B. **1** (B). Die beiden Spieler nehmen sich an der Hand und fangen als Zweiergruppe einen 3. Spieler.
- Gelingt das Abschlagen, werden die abgeschlagenen Spieler an die Hand genommen und die Spieler müssen Hand in Hand (**2**, **3** und **4**) weitere Spieler abschlagen (C).
- Ab einer Kettengröße von sechs Spielern wird diese geteilt und zwei Dreiergruppen fangen solange weiter, bis alle Spieler abgeschlagen wurden.

Variationen:

- Die Kette teilt sich nicht, alle abgeschlagenen Spieler fassen sich zu einer langen Kette an die Hände.
- Kettengröße variieren (3er, 4er, 5er Größe).

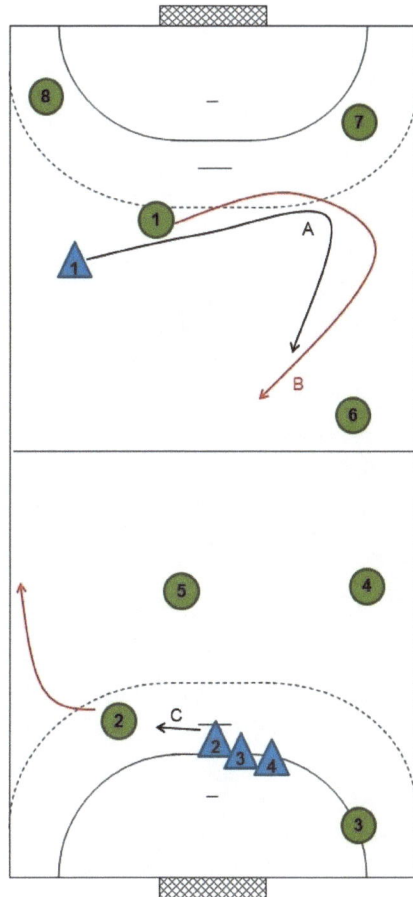

TE 5 - 3	Ballgewöhnung	10	35

Ablauf:

- ▲T spielt den Ball ▲3 in die Lauftäuschung nach rechts (A).

- ▲3 zieht dynamisch nach links und passt ▲2 den Ball in den Lauf (B).

- ▲2 zieht nach links und passt ▲1, der im großen Bogen von außen gelaufen kommt, in die Kreuzbewegung (C).

- ▲1 zieht Richtung Mitte und passt ▲5 den Ball in den Lauf, der dynamisch von außen im Bogen gelaufen kommt (D).

- ▲5 geht Richtung Kreis und passt im Sprungwurf den Ball zu ▲T (E).

- Jetzt wiederholt sich der Ablauf auf die andere Seite (F) usw.

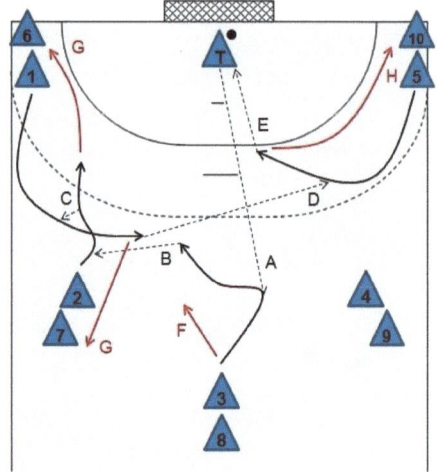

Nach der Aktion:

- ▲3 und ▲8 halten ihre Position.

- ▲1 und ▲2 tauschen nach dem Kreuzen die Position (G).

- ▲5 zieht sich nach seinem Pass zu ▲T sofort wieder zurück auf die Ausgangsposition (H).

TE 5 - 4	Torhüter einwerfen	10	45

Ablauf:

- ▲1 startet ohne Ball und bekommt von ▲2 den Ball in den Lauf gespielt (A) und wirft nach Vorgabe nach rechts auf das Tor (B).

- Nach dem Pass zu ▲1 (A) startet ▲2 sofort ohne Ball mit dem gleichen Ablauf von der anderen Seite (C).

- Nach dem Wurf, sprintet ▲1 sofort um das Hütchen und dann bis zur Mittellinie (D).

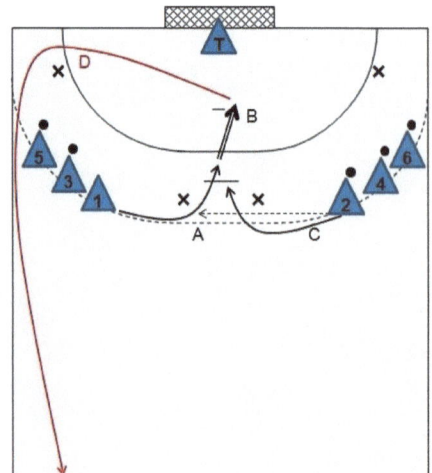

⚠ ▲1 holt sich nach seinem Sprint einen neuen Ball, damit der letzte Spieler auf der anderen Seite auch werfen kann.

TE 5 - 5	Angriff / Kleingruppe	20	65

1. Ablauf:

- **3** macht mit Ball eine Lauftäuschung nach rechts, stößt dynamisch nach links und passt **2** den Ball in den Lauf (A).

- **2** zieht dynamisch nach links (so dass **1** auf ihn reagiert) und kreuzt mit **1**, der in großem Bogen gelaufen kommt (B).

- **1** zieht dynamisch Richtung Tor und schließt mit Wurf ab (C).

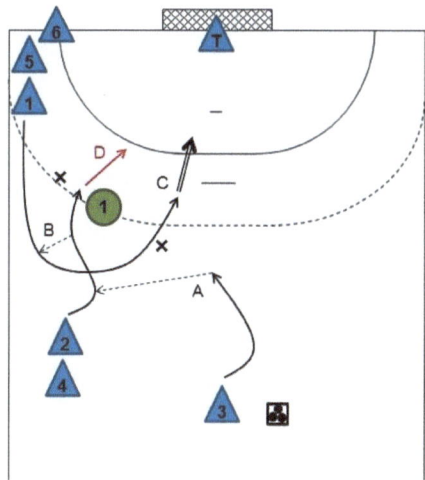

2. Ablauf:

- **1** agiert in der Abwehr variabel.

- Reagiert **1** nicht auf **2**, geht **2** selbst durch und schließt mit Wurf ab (D).

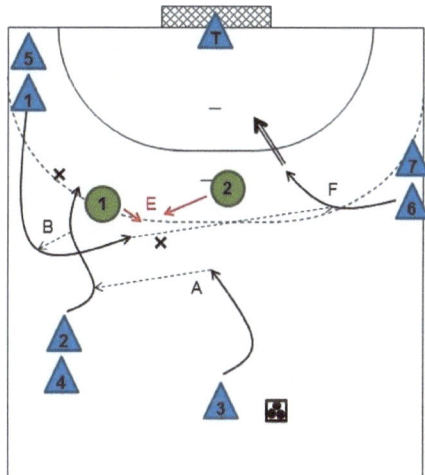

Erweiterter Ablauf mit zweitem Abwehrspieler:

- Ist ein eigenes Durchbrechen von **2** (D), oder ein Durchbrechen von **1** (C) nicht möglich (**1** und/oder **2** machen den Laufweg zu (E)), erfolgt der Pass zum von der anderen Außenposition einlaufenden **6**, der mit Wurf abschließt (F).

⚠ **1** muss nach der Kreuzbewegung (B) versuchen, mit hoher Dynamik selbst durchzubrechen. Erst wenn das nicht möglich ist, erfolgt der Pass zu **6** (F).

⚠ **1** und **2** sollen variabel agieren und den Angreifer vor wechselnde Aufgaben stellen.

TE 5 - 6	Angriff / Team	15	80

Auftakt (Bild 1):

- Der Ball wird von rechts angestoßen (nicht im Bild).

- 3 spielt 2 den Ball in den Lauf (A), der dynamisch nach links stößt (so dass 2 auf ihn reagiert) und mit 1 kreuzt, der in großem Bogen angelaufen kommt (B).

- 5 kommt im Bogen von außen angelaufen (C) und 4 läuft im gleichen Moment nach außen weg (F).

- 6 läuft (hinter 3) nach rechts weg (Kreuzbewegung mit 5 (D), mit dem Ziel, 3 mitzuziehen (E)).

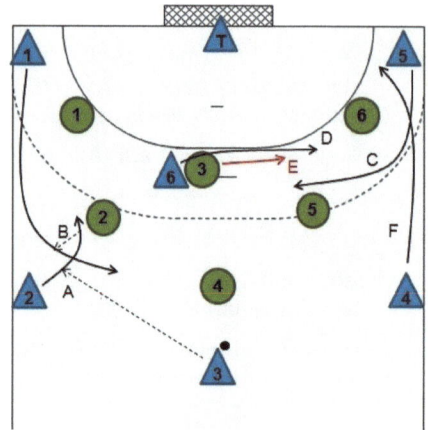

(Bild 1)

Weiterspielmöglichkeit (Bild 2):

- Besteht für 1 die Möglichkeit, an 2 vorbei durchzubrechen, geht 1 Richtung Tor und versucht abzuschließen (G).

- 3 verlagert gleichzeitig nach rechts (H).

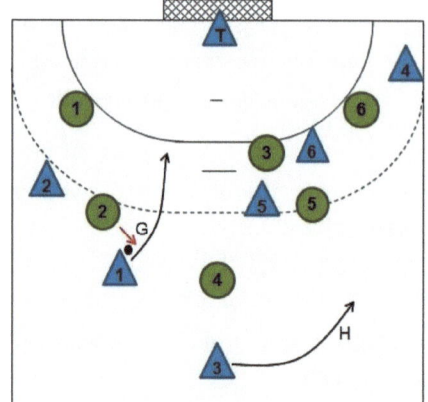

(Bild 2)

Weiterspielmöglichkeit (Bild 3):

- Ist der Durchbruch für 1 nicht möglich, erfolgt der Pass zu 5, der so von der Außenposition einläuft (C), dass er anspielbar ist (J).

- 5 kann nun selbst den Durchbruch versuchen (K), oder mit 6 zusammen spielen (L).

- 3 verlagert gleichzeitig nach rechts (H), um wieder anspielbar zu sein.

⚠ 5 muss so einlaufen, dass er für 1 anspielbar ist.

(Bild 3)

TE 5 - 7	Abschlussspiel	10	90

Grundaufbau:
- Zwei Mannschaften bilden, die Handball gegeneinander spielen.
- Deckung: 3:2:1.

Ablauf:
- Gelingt ein Tor aus dem zuvor Geübten, bekommen die Angreifer einen Punkt, die abwehrende Mannschaft muss sofort z.B. 5 Liegestützen machen und darf dann erst weiterspielen.
- Für die Verlierermannschaft vorher eine Zusatzaufgabe vereinbaren (z.B. Sprint, Hampelmannbewegungen, oder ähnliches).

Anschließend einige Minuten gemeinsam auslaufen und ausdehnen.

3. Kurzer Einblick in die Jahresplanung

Ziele des Trainings

Im **Erwachsenenbereich** wird ein Trainer in der Regel am sportlichen Erfolg (Tabellenplatz) gemessen. Somit richtet sich auch das Training sehr stark nach dem jeweils nächsten Gegner (Saisonziel) aus. Im Vordergrund steht, die Spiele zu gewinnen und die vorhandenen Potentiale optimal einzusetzen.

Im **Jugendbereich** steht die **individuelle Ausbildung** im Vordergrund. Diese ist das erste Ziel, das auch über den sportlichen Erfolg zu setzen ist. Auch sollen die Spieler noch umfassend, d.h. positionsübergreifend ausgebildet werden (keine Positionsspezialisierung, keine Angriffs-/Abwehrspezialisierung).

Jahresplanung

In der Jahresplanung sollten folgende Punkte beachtet werden:
- Wie viele Trainingseinheiten habe ich zur Verfügung (Ferienzeit, Feiertage und den Spielplan mitberücksichtigen)?
- Was möchte ich in diesem Jahr erreichen / verbessern?
- Welche Ziele sollten innerhalb einer Rahmenkonzeption (des Vereins, des Verbands z. Bsp. DHB) erreicht werden? In der Rahmenkonzeption des DHB finden Sie viele Orientierungshilfen für die Themen Abwehrsysteme, individuelle Angriffs-/Abwehrfähigkeiten und dazu, was am Ende welcher Altersstufe erreicht werden sollte.
- Welche Fähigkeiten hat meine Mannschaft (haben meine individuellen Spieler)? Dies sollte immer wieder analysiert und dokumentiert werden, damit ein Soll-/Ist-Vergleich in regelmäßigen Abständen möglich ist.

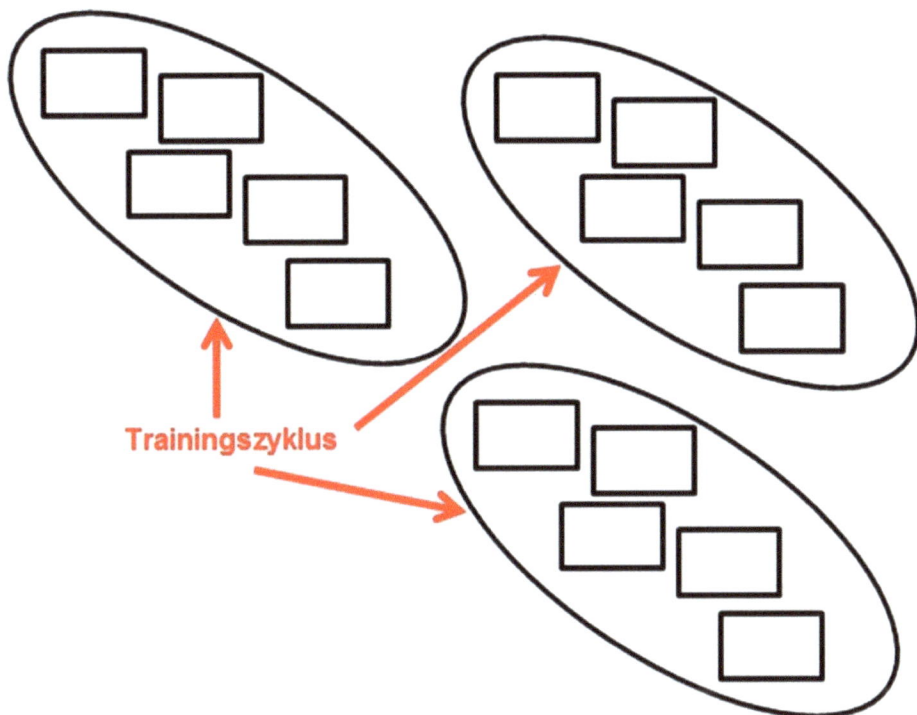

Zerlegung der Jahresplanung in einzelne Zwischenschritte

Grundsätzlich gliedert sich eine Handballsaison in folgende Trainingsphasen:

- Vorbereitungsphase bis zum ersten Spiel: Diese Phase eignet sich besonders zur Verbesserung der konditionellen Fähigkeiten wie der Ausdauer.
- 1. Spielphase bis zu den Weihnachtsferien: Hier sollte die Weihnachtspause mit eingeplant werden.
- 2. Spielphase bis zum Saisonende.

Diese groben Trainingsphasen sollten dann schrittweise verfeinert und einzeln geplant werden:

- Einteilung der Trainingsphasen in einzelne Blöcke mit blockspezifischen Zielen (z.B. Monatsplanung).
- Einteilung in Wochenpläne.
- Planung der einzelnen Trainingseinheiten.

Trainingszyklus

Trainingseinheit:
→ Aufwärmen
→ Grundübung
→ Grundspiel
→ Zielspiel

Trainingseinheit:
→ Aufwärmen
→ Grundübung
→ Grundspiel
→ Zielspiel

Trainingseinheit:
→ Aufwärmen
→ Grundübung
→ Grundspiel
→ Zielspiel

Trainingseinheit:
→ Aufwärmen
→ Grundübung
→ Grundspiel
→ Zielspiel

Trainingseinheit:
→ Aufwärmen
→ Grundübung
→ Grundspiel
→ Zielspiel

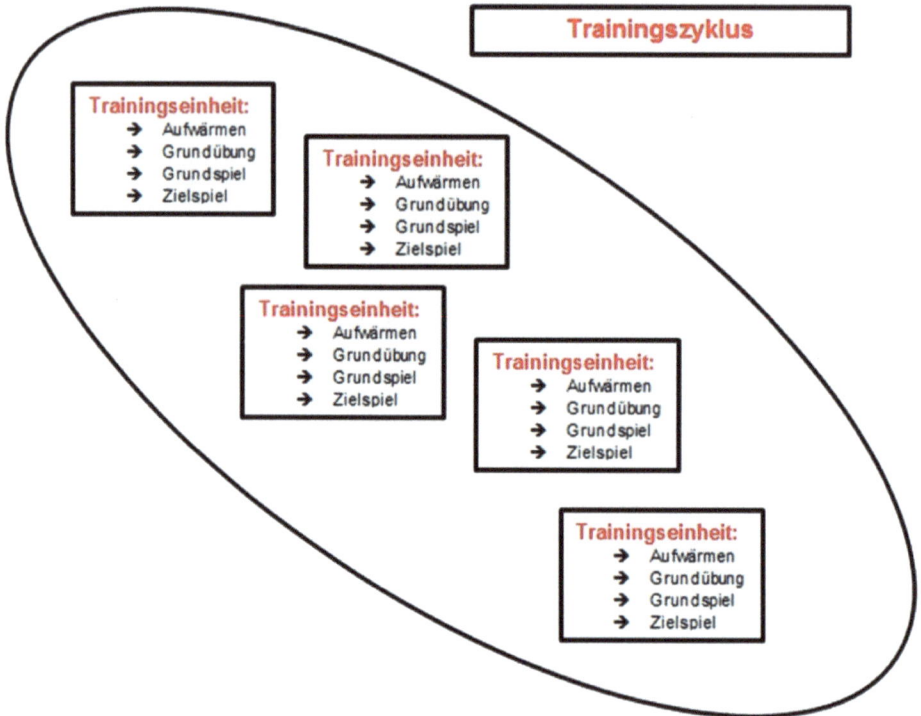

Trainingseinheiten strukturiert aufbauen

Sowohl bei der Jahresplanung als auch bei der Planung der einzelnen Trainingseinheiten sollte eine klare Struktur erkennbar sein:

- Mit Blöcken arbeiten (siehe Monatsplanung): es sollte (gerade im Jugendbereich) über einen Zeitraum am gleichen Thema gearbeitet werden. So können sich Übungen wiederholen und die Abläufe können sich einprägen.
- Jedes Training sollte einen klaren Trainingsschwerpunkt haben. Die Themen sollten innerhalb einer Trainingseinheit nicht gemischt werden, sondern es sollten alle Übungen einem klaren Ziel folgen.
- Die Korrekturen im Training orientieren sich am Schwerpunkt (bei Abwehrtraining wird die Abwehr korrigiert und gelobt).

4. Aufbau von Trainingseinheiten

Der Schwerpunkt des Trainings sollte das einzelne Training wie ein roter Faden durchziehen. Dabei in etwa dem folgenden zeitlichen Grundaufbau (Ablauf) folgen:
- ca. 10 (15) Minuten Aufwärmen.
- ca. 20 (30) Minuten Grundübungen (2 bis max. 3 Übungen, plus Torhüter einwerfen).
- ca. 20 (30) Minuten Grundspiel.
- ca. 10 (15) Minuten Zielspiel.

1. Zeit bei 60 Minuten Trainingszeit / 2. Zeit in Klammer bei 90 Minuten Trainingszeit.

Inhalte des Aufwärmens
- Trainingseröffnung: es bietet sich an, das Training mit einem kleinen Ritual (Kreis bilden, sich abklatschen) zu eröffnen und den Spielern kurz die Inhalte und das Ziel der Trainingseinheit vorzustellen.
- Grunderwärmung (leichtes Laufen, Aktivierung des Kreislaufs und des Muskel- und Kochen-Apparats).
- Dehnen/Kräftigen/Mobilisieren (Vorbereitung des Körpers auf die Belastungen des Trainings).
- Kleine Spiele (diese sollten sich bereits am Ziel des Trainings orientieren).

Grundübungen
- Ballgewöhnung (am Ziel des Trainings orientieren).
- Torhüter einwerfen (am Ziel des Trainings orientieren).
- Individuelles Technik- und Taktiktraining.
- Technik- und Taktiktraining in der Kleingruppe.

Grundsätzlich sind bei den Grundübungen die Lauf- und Passwege genau vorgegeben (der Anspruch kann im Laufe der Übung gesteigert und variiert werden).

Hinweise zur Grundübung
- Alle Spieler den Ablauf durchführen lassen (schnelle Wechsel).
- Hohe Anzahl an Wiederholungen.
- Mit Rotation arbeiten oder die Übung auf beiden Seiten gleichzeitig/mit geringer Verzögerung durchführen, damit für die Spieler keine langen Wartezeiten entstehen.
- Individuell arbeiten (1gg1 bis max. 2gg2).
- Eventuell Zusatzaufgaben/Abläufe einbauen (die die Übung komplexer machen).

Grundspiel

Das Grundspiel unterscheidet sich von der Grundübung vor allem dadurch, dass jetzt mehrere **Handlungsoptionen** (Entscheidungen) möglich sind und der/die Spieler die jeweils optimale Option erkennen und wählen sollen. Hier wird vor allem das Entscheidungsverhalten trainiert.

- Das zuvor in den Grundübungen erlernte mit **Wettkampfcharakter** durchführen.
- Mit Handlungsalternativen arbeiten – Entscheidungsverhalten schulen.
- Alle Spieler sollen den Ablauf häufig durchführen und verschiedene Entscheidungen ausprobieren.
- In Kleingruppen arbeiten (3gg3 bis max. 4gg4).

Zielspiel

- Das zuvor Geübte wird nun im freien Spiel umgesetzt. Um das Geübte im Spiel zu fördern, kann mit Zusatzpunkten oder Zusatzangriffen im Falle der korrekten Umsetzungen gearbeitet werden.
- Im Zielspiel wird das Gelernte im Team umgesetzt (5gg5, 6gg6).

Je nach den Trainingsinhalten können die zu erreichenden Ziele eine geringe Änderung im zeitlichen Ablauf von Grundübungen und Grundspielen bedingen (z. Bsp. beim Ausdauertraining, bei dem sie durch Ausdauereinheiten ersetzt werden).

Themenvorgaben

- Individuelle Ausbildung der Spieler nach Vorgabe der Trainingsrahmenkonzeption (DHB oder vereinseigene Konzeption).
- Taktische Spielsysteme in der Abwehr und im Angriff (altersabhängig):
  o z.B. von der Manndeckung zum 6:0 Abwehrsystem.
  o z.B. vom 1gegen1 zum 6gegen6 mit Auslösehandlungen im Team.

Trainingsthema wählen:
→ Roter Faden

Aufwärmen:
Dauer:
- ca. 10 (15) Minuten

Inhalte:
- „spielerisches Einlaufen"
- Spiele
- Laufkoordination
- (Dehnen und Kräftigung)

Grundübung:
Dauer:
- ca. 20 (30) Minuten

Charakteristik:
- individuell / in der Kleingruppe

Inhalte:
- klare Übungsvorgabe des Ablaufs
- Variationen mit klarer Vorgabe des Ablaufs
- vom Einfachen zum Komplexen
- keine Wartezeit für die Spieler

Grundspiel:
Dauer:
- ca. 20 (30) Minuten

Charakteristik:
- in der Kleingruppe

Inhalte:
- klare Vorgabe des Ablaufs plus Varianten
- Wettkampf

Zielspiel:
Dauer:
- ca. 10 (15) Minuten

Charakteristik:
- Teamplay (Kleingruppe)

Inhalte:
- Freies Spielen mit den Übungen aus der Grundübung und dem Grundspiel
- Wettkampf

5. Die Rolle/Aufgaben des Trainers

Ein erfolgreiches Training hängt stark von der Person und dem Verhalten des Trainers ab. Es ist deshalb wichtig, im Training bestimmte Verhaltensregeln zu beachten, um den Erfolg des Trainings zu ermöglichen. Das soziale Verhalten des Trainers bestimmt den Erfolg in einem ebenso großen Maße wie die reine Fachkompetenz.

Der Trainer sollte
-   der Mannschaft zu Beginn des Trainings eine kurze Trainingsbeschreibung und die Ziele bekannt geben.
-   immer laut und deutlich reden.
-   den Ort der Ansprache so wählen, dass alle Spieler die Anweisungen und Korrekturen hören können.
-   Fehler erkennen und korrigieren. Beim Korrigieren Hilfestellung geben.
-   den Schwerpunkt der Korrekturen auf das Trainingsziel legen.
-   individuelle Fortschritte hervorheben und loben (dem Spieler ein positives Gefühl vermitteln).
-   fördern und permanent fordern.
-   im Training, bei Spielen, aber auch außerhalb der Sporthalle als Vorbild auftreten.
-   gut vorbereitet und pünktlich zu Training und Spielen erscheinen.
-   in seinem Auftreten immer Vorbild sein.

6. Über den Autor

JÖRG MADINGER, geboren 1970 in Heidelberg

Juli 2014 (Weiterbildung): 3-tägiger DHB Trainerworkshop "Grundbausteine Torwartschule"
Referenten: Michael Neuhaus, Renate Schubert, Marco Stange, Norbert Potthoff, Olaf Gritz, Andreas Thiel, Henning Fritz

Mai 2014 (Weiterbildung): 3-tägige DHTV/DHB Trainerfortbildung im Rahmen des VELUX EHF FinalFour
Referenten: Jochen Beppler (DHB Trainer), Christian vom Dorff (DHB Schiri), Mark Dragunski (Trainer TuSeM Essen), Klaus-Dieter Petersen (DHB Trainer), Manolo Cadenas (Nationaltrainer Spanien)

Mai 2013 (Weiterbildung): 3-tägige DHTV/DHB Trainerfortbildung im Rahmen des VELUX EHF FinalFour
Referenten: Prof. Dr. Carmen Borggrefe (Uni Stuttgart), Klaus-Dieter Petersen (DHB Trainer), Dr. Georg Froese (Sportpsychologe), Jochen Beppler (DHB Stützpunkttrainer), Carsten Alisch (Nachwuchstrainer Hockey)

seit Juli 2012: Inhaber der DHB A-Lizenz

seit Februar 2011: Vereinsschulungen, Coaching im Trainings- und Wettkampfbetrieb

November 2011: Gründung Handball Fachverlag (handall-uebungen.de, Handball Praxis und Handball Praxis Spezial)

Mai 2009: Gründung der Handball-Plattform handball-uebungen.de

2008-2010: Jugendkoordinator und Jugendtrainer bei der SG Leutershausen

seit 2006: B-Lizenz Trainer

Anmerkung des Autors
1995 überredete mich ein Freund, mit ihm zusammen das Handballtraining einer männlichen D-Jugend zu übernehmen.

Dies war der Beginn meiner Trainertätigkeit. Daraufhin fand ich Gefallen an den Aufgaben eines Trainers und stellte stets hohe Anforderungen an die Art meiner Übungen. Bald reichte mir das Standardrepertoire nicht mehr aus und ich begann, Übungen zu modifizieren und mir eigene Übungen zu überlegen.

Heute trainiere ich mehrere Jugend- und Aktivmannschaften in einem breit gefächerten Leistungsspektrum und richte meine Trainingseinheiten gezielt auf die jeweilige Mannschaft aus.

Seit einigen Jahren vertreibe ich die Übungen über meinen Onlineshop handball-uebungen.de. Da die Tendenz im Handballtraining, vor allem im Jugendbereich, immer mehr in Richtung einer allgemeinen sportlichen Ausbildung mit koordinativen Schwerpunkten geht, eignen sich viele Spiele und Spielformen auch für andere Sportarten.

Lassen Sie sich inspirieren von den verschiedenen Spielideen und bringen Sie auch Ihre eigene Kreativität und Erfahrung ein!

Ihr

Jörg Madinger

7. Weitere Fachbücher des Verlags DV Concept

Von A wie Aufwärmen bis Z wie Zielspiel – 75 Übungsformen für jedes Handballtraining

Ein abwechslungsreiches Training erhöht die Motivation und bietet immer wieder neue Anreize, bekannte Bewegungsabläufe zu verbessern und zu präzisieren. In diesem Buch finden Sie Übungen zu allen Bereichen des Handballtrainings vom Aufwärmen über Torhüter einwerfen bis hin zu gängigen Inhalten des Hauptteils und Spielen zum Abschluss, die Sie in ihrem täglichen Training mit Ihrer Handballmannschaft inspirieren sollen. Alle Übungen sind bebildert und in der Ausführung leicht verständlich beschrieben. Spezielle Hinweise erläutern, worauf Sie achten müssen.

Mini- und Kinderhandball (5 Trainingseinheiten)

Mini- bzw. Kinderhandball unterscheidet sich grundlegend vom Training höherer Altersklassen und erst recht vom Handball in Leistungsbereichen. Bei diesem ersten Kontakt mit der Sportart „Handball" sollen die Kinder an den Umgang mit dem Ball herangeführt werden. Es soll der Spaß an der Bewegung, am Sport treiben, am Spiel miteinander und auch am Wettkampf gegeneinander vermittelt werden.

Das vorliegende Buch führt zunächst kurz in das Thema und die Besonderheiten des Mini- und Kinderhandballs ein und zeigt dabei an einigen Beispielübungen Möglichkeiten auf, das Training interessant und abwechslungsreich zu gestalten.

Passen und Fangen in der Bewegung - 60 Übungsformen für jedes Handballtraining

Passen und Fangen sind zwei Grundtechniken im Handball, die im Training permanent trainiert und verbessert werden müssen. Die vorliegenden 60 praktischen Übungen bieten viele Varianten, um das Passen und Fangen anspruchsvoll und abwechslungsreich zu trainieren. Ein besonderer Fokus liegt dabei darauf, die Sicherheit beim Passen und Fangen auch in der Bewegung mit hoher Dynamik zu verbessern. Deshalb werden die Übungen mit immer neuen Laufwegen und spielnahen Bewegungen gekoppelt.

Effektives Einwerfen der Torhüter - 60 Übungsformen für jedes Handballtraining

Das Einwerfen der Torhüter ist in nahezu jedem Training notwendiger Bestandteil. Die vorliegenden 60 Übungen zum Einwerfen bieten hier verschiedene Ideen, um das Einwerfen sowohl für Torhüter als auch für die Feldspieler anspruchsvoll und abwechslungsreich zu gestalten. Ein besonderer Fokus liegt dabei darauf, schon beim Einwerfen die Dynamik der Spieler zu verbessern.

Wettkampfspiele für das tägliche Handballtraining - 60 Übungsformen für jede Altersstufe

Handball lebt von schnellen und richtig getroffenen Entscheidungen in jeder Spielsituation. Dies kann im Training spielerisch und abwechslungsreich durch handballnahe Spiele trainiert werden. Die vorliegenden 60 Übungsformen sind in sieben Kategorien unterteilt und schulen die Spielfähigkeit.

Folgende Kategorie beinhaltet das Buch: Parteiball-Varianten, Mannschaftsspiele auf verschiedene Ziele, Fangspiele, Sprint- und Staffelspiele, Wurf- und Balltransportspiele, Sportartübergreifende Spiele, Komplexe Spielformen für das Abschlussspiel.

Abwechslungsreiches Wurftraining im Handball - 60 Übungsformen für jede Altersstufe

Der Wurf ist ein zentraler Baustein des Handballspiels, der durch regelmäßiges Training immer wieder erprobt und verbessert werden muss. Deshalb ist es immer wieder sinnvoll, Wurfserien im Training durchzuführen. Die vorliegende Übungssammlung bietet 60 verständliche, leicht nachzuvollziehende praktische Übungen zu diesem Thema, die in jedes Training integriert werden können.

Die Übungen sind in sechs Kategorien und drei Schwierigkeitsstufen unterteilt: Technik, Wurfübungen auf feste Ziele, Wurfserien mit Torwurf, Positionsspezifisches Wurftraining, Komplexe Wurfserien, Wurfwettkämpfe.

Taschenbücher aus der Reihe Handball Praxis

Handball Praxis 1 – Handballspezifische Ausdauer

Handball Praxis 2 – Grundbewegungen in der Abwehr

Handball Praxis 3 – Erarbeiten von Auslösehandlungen und Weiterspielmöglichkeiten

Handball Praxis 4 – Intensives Abwehrtraining im Handball

Handball Praxis 5 – Abwehrsysteme erfolgreich überwinden

Handball Praxis 6 – Grundlagentraining für E- und D- Jugendliche

Handball Praxis 7 – Handballspezifisches Ausdauertraining im Stadion und in der Halle

Handball Praxis 8 – Spielfähigkeit durch Training der Handlungsschnelligkeit

Handball Praxis 9 – Grundlagentraining im Angriff für die Altersstufe 9-12 Jahre

Handball Praxis Spezial 1 – Schritt für Schritt zur 3-2-1 Abwehr

Handball Praxis Spezial 2 – Schritt für Schritt zum erfolgreichen Angriffskonzept gegen eine 6-0 Abwehr

Weitere Handball Fachbücher und eBooks unter: www.handball-uebungen.de